Como Vencer o Medo e a Ansiedade para Sempre

Guia Definitivo de como Superar seus Medos para Desfrutar Plenamente da sua Vida

Dr. Lucas Allen

" Qualquer coisa que o homem ganhe deve pagar caro, mesmo que seja apenas com medo de perdê-lo."

<u>**Friedrich [1]Hebbel[2]**</u>

---

1. https://proverbia.net/autor/frases-de-friedrich-hebbel

2. https://proverbia.net/autor/frases-de-friedrich-hebbel

Índice

Prólogo _

Você sente que a ansiedade e os medos estão destruindo sua vida?

Se sim, convido você a ficar e terminar este livro, que será seu primeiro passo para sair da sua ansiedade e medo...

Desde sempre, todos nós temos ansiedade em menor ou maior grau. De tal forma que as sensações suaves ou intensas dessa emoção têm de certa forma um efeito benéfico porque nos fornecem um melhor desempenho em certas atividades que realizamos devido à emoção e atenção que provocam. No entanto, deve-se notar que quando isso sai do controle, de leve a crônico, pode levar a um importante deterioro em nossa qualidade de vida, e muitas vezes com consequências desastrosas... Tais como o abuso de drogas, remédios, problemas conjugais, trabalhistas, sociais e como última saída; o suicídio. E obviamente, sem deixar de lado o grande sofrimento que o indivíduo que sofre deste transtorno experimenta.

Meu objetivo ao escrever este livro curto é apresentar de uma forma agradável o problema deste transtorno e as maneiras de superá-lo, controlá-lo ou eliminá-lo. Para isso, eu o baseei em minha própria experiência e nas técnicas e tratamentos para o mesmo que eu usei. O guia inclui exemplos e exercícios que facilitarão a compreensão e assimilação dos conceitos principais. Todos os procedimentos descritos neste livro foram comprovados como efetivos contra a ansiedade e medos, se forem realizados conforme descritos... não vou vender fumaça e dizer que isso é pura magia: não! Mas se você colocar de sua parte todos os dias e fizer exatamente o que apresento aqui, poderá controlar ou melhorar incrivelmente seus medos ou ansiedade. Convido você a desfrutar da leitura; o primeiro passo em direção à sua cura. Muito obrigado.

Nota do autor

As informações e as técnicas expostas devem ser tomadas apenas como material informativo para a pessoa que sofre deste distúrbio... Tampouco este guia deve ser tomado como substituto do diagnóstico e tratamento de um especialista.

Introdução _

Você já sentiu os seguintes sintomas?

- batimentos cardíacos acelerados
- dores musculares
- Náusea em situações sociais
- suor inexplicável
- vertigem, tontura
- Calafrios
- pena que não é normal
- preocupação excessiva
- Pensamentos estranhos, repetitivos e transbordantes
- medos infundados
- Medo de morrer de ataque cardíaco súbito
- Necessidade de verificar as coisas ou lavar as mãos obsessivamente
- Calafrios e falta de ar
- sufocando

Se você respondeu **Sim** para a maioria; Este guia pode ser muito útil para você, além de 'curar-se como num passe de mágica' pode ser um divisor de águas para sua cura, pois você saberá mais a fundo como funciona. A ansiedade e os medos podem se manifestar de várias maneiras. Um indivíduo ansioso com medo ou ansiedade pode sentir taquicardia, medo em situações sociais (cercado de pessoas), pensamentos catastróficos sobre o futuro e até evitar lugares que possam causar medo.

Alguns dos sintomas mais comuns deste problema são mudanças constantes de humor, tremores, dúvidas repetidas, pânico. Algumas pessoas que têm esse problema podem apresentar episódios súbitos de ansiedade quando encontram gatilhos como viajar de avião, no escuro ou em um determinado animal. Enquanto outras pessoas apenas têm ansiedade constante, sem que nada aparentemente a provoque.

Na vida agitada em que vivemos atualmente, milhões sofrem desta doença. Alguns especialistas afirmam que pelo menos cinco em cada dez são ou sofrerão de sintomas de ansiedade nos próximos anos. Enquanto outros estudos realizados pela OMS, afirmam que de cada 3 homens pelo menos 6 mulheres tiveram ou terão ansiedade moderada a crônica em algum momento de suas vidas.

As consequências de sofrer desse distúrbio generalizado podem ser muitas. Somado ao desconforto que causa . Muitas vezes isso é complicado por quadros de depressão, abuso de drogas e álcool. E em outros impede-os de conseguir um bom desempenho no trabalho, terminar uma carreira ou conhecer o amor... Felizmente, hoje, os psiquiatras têm muitos tratamentos e técnicas que podem ajudar as pessoas que sofrem dessas doenças.

Este guia tenta sintetizar de forma lúdica e ordenada todo esse conhecimento prático já comprovado de forma eficaz e simples. É sem dúvida um livro que pode ser muito útil neste momento, se você se encontra atolado em ansiedade e medo. Também não quero te dizer que você vai conseguir em uma semana, mas pode te ajudar muito se você aplicar ao pé da letra todo o conhecimento aqui exposto. Você pode estar se perguntando, mas é realmente possível vencer o medo e a ansiedade? Bem, deixe-me responder honestamente com um retumbante SIM... desde que você faça tudo o que seu especialista recomenda ao pé da letra e como segunda opção o que exponho neste livro. Se o fizer, começará a se sentir muito melhor e poderá até se curar. Só para citar um exemplo, há mais chances de você que sofre de medo e ansiedade se curar em meses do que uma pessoa que sofre de vícios ou sintomas psicóticos. Portanto, se for alcançado no final depois de ter feito o seu melhor, e isso faz você se sentir melhor; Poderei dizer com orgulho que este livro cumpriu seu objetivo, e valeu a pena.

A forma correta de superar a ansiedade costuma ter oito fases, uma lista que você lerá a seguir :

- Entendendo o distúrbio que causa ansiedade
- Conheça a fundo todos os sintomas sofridos pela pessoa ansiosa (especificamente aqueles que não são tão conhecidos)
- Identifique a forma específica de como ela se apresentou em sua vida
- Faça uma análise e selecione o método, tratamento ou técnicas mais eficazes para lidar com isso
- Aprenda o referido método ou técnica
- Aplique-os com disciplina diariamente
- Avalie o resultado
- E se funcionar, mantenha a estabilidade

Ansiedade - Entendendo o transtorno

A ansiedade é uma emoção completamente normal no ser humano, e sua função primordial é a sobrevivência. Todos os seres vivos, inclusive os animais, necessitam de um sistema de vigilância para sobreviver, e é essa ansiedade normal que cumpre esse papel em situações específicas. É isso, é normal que tenhamos medo quando um perigo real se apresenta. Nosso corpo foi projetado para senti-lo em certas circunstâncias, obviamente, para evitar danos fatais. Por exemplo, atravessar uma rua movimentada, caminhar à noite em um local perigoso ou entrar na mata, etc. Seria estúpido não sentir medo em situações de vida ou morte.

No entanto, às vezes acontece que todo esse incrível mecanismo de prevenção de desastres não funciona como gostaríamos, produzindo falsos alarmes em caso de perigo. Neste ponto, chegamos ao que é um transtorno de ansiedade. Esse tipo de distúrbio é identificado porque são os principais elementos que causam constante sofrimento humano. Em psicologia, é chamado de quadro clínico:

Os principais transtornos derivados da ansiedade são:

- transtornos de pânico
- fobias
- Transtorno Obsessivo Compulsivo também conhecido como TOC
- estresse crônico
- medos
- Ansiedade generalizada crônica

Deve-se notar que os sintomas de ansiedade também podem ser causados direta ou indiretamente por condições específicas: como alguma doença, ou o consumo de drogas como metanfetamina, cocaína , maconha ou bebidas dietéticas , bem como o consumo de certas drogas, medicamentos hormonais etc.

Vamos dar uma olhada em cada um dos distúrbios derivados da ansiedade abaixo:

síndrome do pânico:

— "Sinto como se estivesse tendo um ataque cardíaco e acho que vou morrer." Monica é uma jovem professora primária que sofre de ataques de ansiedade há 1 ano. A primeira vez que ele teve uma convulsão, ele foi ao pronto-socorro porque pensou que estava tendo um ataque cardíaco. Ela nunca imaginou que tivesse ansiedade, muito menos pensou que os médicos dariam tão pouca importância à sua suposta urgência. Disseram-lhe apenas: "você tem ansiedade", e prescreveram uma pílula, um remédio que a princípio tirou os sintomas dela e a deixou um pouco sedada e sonolenta, mas depois de algumas semanas ela percebeu que o monstro ainda estava lá. ..

Eu sempre estava ciente de sua frequência cardíaca, se estivesse acelerada. Apesar de antes de ser atleta, Mônica aos poucos parou de correr porque tinha medo de que seu coração batesse rápido, e era impossível para ela não perceber... Ela também começou a se distanciar de seu parceiro aos poucos pelo medo de manter relações sexuais, o mesmo, pelo terror que morrer de parada cardíaca lhe causava por sentir os batimentos cardíacos acelerados que é normal na atividade física...

O transtorno do pânico é identificado pelo medo intenso de vivenciar novamente toda a cadeia de sintomas em determinados locais ou em horários específicos. Um ataque de pânico é um medo intenso que geralmente ocorre repentinamente e atinge sua intensidade máxima em alguns minutos, mantendo no máximo doze. Para chamá-lo de ataque de pânico, deve ser acompanhado de pelo menos 3 dos seguintes elementos:

- inquietação e ansiedade
- Taquicardias variando de 100 a 165 batimentos por minuto
- Sensação de asfixia (sensação de não conseguir respirar)
- Aperto no peito desfocado
- Uma sensação de asfixia, incapacidade de engolir saliva
- dor de estômago, diarréia
- Tontura
- Irrealidade: sensação de que você vê tudo de uma forma irreal como se estivesse sonhando
- Despersonalização: sentindo que você não está dentro do corpo, como se estivesse flutuando
- Ansiedade quase incontrolável e medo de enlouquecer, especialmente à noite
- Medo de morrer e que pessoas estranhas observem sua nudez no necrotério
- Mandíbula entorpecida ou sensação de formigamento nas mãos e pés
- Sensação de frio e tremores incontroláveis

O transtorno do pânico é definido por especialistas como o medo do medo ou a fobia do medo. Em essência, a pessoa que sofre disso tem pavor de que simples sintomas inofensivos se manifestem como um sinal potencialmente mortal, então ao pensar e sentir isso, ela cria um medo que transborda, gerando todos os quadros já descritos com Mônica.

Então lembre-se da fase de um ataque de pânico, a sensação é só um exemplo, foque na interpretação que é sempre o ponto principal porque tudo é acionado:

<u>Sensação interpretação ansiosa</u>

D odor forte em ele peito	ESTOU MORRENDO AJUDA
dor ou desconforto em ele peito	EU PODERIA MORRER NÃO VOU TER UM ATAQUE CARDÍACO
dor quase imperceptível na região do peito	E SE EU TIVER UM ATAQUE CARDÍACO
peito oprimido	TENHO MEDO QUE PODE SER UMA RESPIRAÇÃO... TENHO MEDO DE SER OPERADO

Estes são geralmente os principais, mas eles também tendem a interpretar erroneamente a vertigem como um sinal de que tiveram um derrame, e é apenas uma questão de tempo até que desmaiem e fiquem inconscientes, e obviamente a tontura vem da hiperventilação. Crises ou ataques de pânico costumam ser um problema muito difícil de lidar, pois impede você de aproveitar a vida devido ao medo constante que o acorrenta ao medo de que apareçam nos lugares menos esperados. E o medo de ser tachado de louco.

Agorafobia:

caso pepe

— "Não quero sair procurando emprego, sinto que vou desmaiar." Pepe começou a ter ataques de pânico há dois anos... no começo seu maior terror era cair devido à tontura e sangrar até a morte. À medida que se tornavam mais fortes e periódicos, ele percebeu que havia certos lugares onde o monstro era solto. E esses lugares eram onde tinha muita gente em locais como: lojas de departamentos, cinema, escolas, etc. No começo ele tentava evitar os horários de muita gente porque assim ficava mais tranquilo... depois o transtorno foi escalando a ponto de não conseguir ir sozinho a lugares assim. Esse distúrbio o afetou tanto que ele perdeu o emprego como professor em uma universidade, devido ao medo de falar em grandes grupos e do que eles diriam. Tão simples quanto se locomover no ônibus, era impossível para ele porque toda vez que descia ficava com medo de que olhassem para ele como a calça cabia atrás, ou o olhassem de perfil, principalmente as meninas. Infelizmente, pode acontecer que "resolvamos" o medo radicalmente, evitando aqueles lugares onde temos a crise. O ruim disso é que essa evitação pode desencadear outros problemas até chegar a um transtorno chamado agorafobia crônica.

As pessoas que têm esse distúrbio tendem a evitar muitas situações, desde as já mencionadas até as impensáveis. Por exemplo, ir à procura de trabalho, caminhar em alturas, subir em elevadores, viajar em aviões, caminhões, etc. Para o agorafóbico qualquer uma dessas situações antes de sua percepção é uma situação de risco de vida ou morte.

Deve-se notar que a agorafobia nem sempre está diretamente relacionada ao transtorno de ataque de pânico. O que mantém essa desordem em si é evitar esses tipos de lugares que causam medo. Conseqüentemente, as crises de ansiedade são causadas por ir a tais lugares... O que acontece é que nesses lugares específicos existem circunstâncias favoráveis para que se inicie a cadeia de sintomas que desencadeiam o pânico, crise nervosa, etc. Todos os sintomas são inofensivos, mas na mente da pessoa em questão ocorre a interpretação catastrófica. Portanto, evitar esses lugares será contraproducente, pois você se envolverá em seu círculo de segurança a ponto de se isolar totalmente de muitas coisas que antes gostava. É triste, mas em muitos casos suas vidas terminam sem ter aproveitado por medo desse transtorno.

Fobia social:

— "Só consigo procurar empregos onde possa ficar sozinho ou onde não haja mulheres." Manuel.

Há muitos como ele... Há pessoas que passam meses sem sair de casa, outras que sentem um medo terrível de só irem ao centro da cidade de autocarro por medo de serem olhadas... outras temem situações ou trabalhos onde eles estão em contato com as pessoas. Eles odeiam trabalhar em grupo por causa do que vão dizer e, se cometerem um erro durante o trabalho, sofrem muito ao serem apontados a tal ponto que muitos ficam deprimidos por dias por um simples apontamento de um erro. .. A pessoa com fobia social é muito dura consigo mesma em sua mente. Repita a mesma cena várias vezes. Por exemplo, se alguém o corrigiu por um erro em público, ele exagerará mil vezes em sua mente, autoflagelação. A pessoa com fobia social não teme a pessoa em si, mas teme os julgamentos, o que ela vai dizer, as críticas, os olhares... Opiniões sobre sua pessoa, sua roupa, sua fala, seus pensamentos... é por isso que são geralmente silenciosos se funcionarem em qualquer caso. É um dos transtornos menos levados em conta nas empresas. Sem imaginar que muitas das demissões pelo mundo nas primeiras semanas são por fobia social.

Esse distúrbio é essencialmente um distúrbio de ansiedade que passa despercebido pela maioria. Mesmo para a pessoa que sofre com isso muitas vezes. Normalmente o fóbico social tende a culpar seu caráter e a situação muito estressante que vive. É por isso que muitos fobias sociais nunca conhecerão o amor... eles temem uma crítica de um não. Por exemplo, um cara dando em cima de uma garota é impensável. Devemos deixar bem claro que timidez não é o mesmo que ter fobia social. Embora, a pessoa tímida possa sentir ansiedade, mas não a confina em casa ou em situações gerais. Ou seja, não invalida que seja sua vida normal. Uma pessoa com fobia pode sofrer crises econômicas e amorosas devido à sua condição simples. Conheci pessoas que chegaram a ficar 10 anos sem emprego por medo de passar por situações como essa.

O indivíduo tímido não incapacita sua personalidade. Não é tão aberto, mas também não o impede de atuar nas áreas de trabalho. Talvez você não esteja procurando empregos públicos como: bares, restaurantes, mas se sai bem em escritórios, fábricas, etc. Por outro lado, para a pessoa que sofre de fobia social, tudo é muito complicado em situações mesmo com poucas pessoas, como: procurar namorada, conversas em grupos, comer em público, defender-se em situações verbais, levantar a voz , à procura de emprego, etc. Essas situações simples que para a maioria são normais para essas pessoas são um inferno, já que as causam quando expostas: colite, diarréia, dores de cabeça, dores musculares, boca seca, palpitações... E terminam quando voltam à sua bolha. segurança (zona de conforto). É muito comum que as pessoas com fobias tenham medo de que outras pessoas descubram seu problema. É por isso que eles tentam não suar, ficar vermelhos ou tremer para evitar mais inseguranças e vergonha em sua percepção.

Aliás, conheci uma pessoa que omito o nome por respeito, que tinha pós-graduação em administração de empresas, mas por ter fobia social resolveu arrumar um emprego noturno como vigia em um panteão. O maior sonho que eu tinha me contado; era encontrar um emprego em um farol no mar sozinho... era seu sonho mais acalentado. Não é incomum que os fóbicos sociais sofram de ataques de pânico, embora não seja uma regra geral. A solução que a maioria adota para evitar enfrentar esses desconfortos intensos são três opções: fugir desses cenários, evitá-los ou ocultá-los, mesmo que isso implique todos os sintomas já descritos em segredo. Infelizmente, um grande número dessas pessoas para controlar seus sintomas recorre a drogas, tranquilizantes ou substâncias para manter a calma em contextos sociais.

Fobias específicas:

Caracterizam-se por medos ilógicos e exagerados em determinadas situações (sublinho os ilógicos e exagerados) antes de serem expostos a ambientes ou contextos temidos. Existem vários tipos de fobias:

- **O ambiental:** geralmente medo de altura, mar, rios, eletricidade, chuva, tudo que se encontra na natureza de forma inanimada.
- **Animal** : geralmente são medos excessivos de certos animais, insetos, aracnídeos, pássaros, etc.
- **Para o sangue:** medo de infectar todos os tipos de patógenos e vírus, como: HIV, hepatite, gonorréia, etc.
- **Situações da vida quotidiana:** medo de conduzir devido a um acidente, fazer uma viagem por medo de acidentes, etc.

Está provado que sem um guia correto para lidar com esse tipo de medo a longo prazo, a pessoa pode adquirir uma doença crônico-degenerativa de tipo orgânico.

Transtorno obsessivo-compulsivo :

A particularidade desse transtorno derivado da ansiedade generalizada é justamente a obsessão por uma determinada coisa ou situação. Obsessões são aqueles pensamentos ou imagens que aparecem de repente fora de nós. E geralmente são quase incontroláveis e involuntários. É normal que quem não sofre disso não tenha a menor ideia da angústia que sente, e por isso se considera louco. Por exemplo, existem pessoas que têm pensamentos em forma de imagens onde se veem assassinando a esposa ou familiar e temem que em determinado momento percam o controle da realidade. A maioria concorda que quanto mais eles lutam para se livrar desses pensamentos; mais fortes eles ficam. Alguns correm com todas as forças pela rua, outros balançam a cabeça para se livrar desses pensamentos, outros se coçam e alguns se mordem e fazem pequenos cortes. Existem diferentes tipos de obsessões que são divididas em várias categorias, como:

- **O agressivo:** medo de cometer um crime quando essas imagens e pensamentos vêm à mente. Eles pioram se você tem um ente querido na sua frente. Medo de blasfemar contra Deus e dizer palavrões, medo de cometer suicídio. etc.
- **Ou ficar obcecado com a sujeira:** preocupação exagerada por medo de pegar vírus, bactérias ou substâncias nocivas. Medo de contrair uma doença sexual. Como fato adicional, muitos que sofrem dessas fobias passam a vida inteira sem fazer sexo ou mesmo dar um abraço.
- **Obsessões sexuais:** medo extremo de sexo ou fixações mórbidas no sexo oposto. Medo de se tornar homossexual ou pedófilo. Inundação de pensamentos sexuais atípicos e estranhos. Distorção sexual. Pensamentos recorrentes ao seu redor. etc.
- Outro tipo de medo que ocorre é misto; como o terror de acordar um dia e não conseguir falar, lembra, ou você acha que enlouqueceu e tira uma soma tipo 2 mais 2 para ver se

faz sentido e verifica com você mesmo se realmente enlouqueceu louco. Obsessão à perfeição. etc.

Transtorno de Estresse Pós-Traumático:

Todos em algum momento da vida terão que passar por algum acontecimento trágico; de acidentes, estupros, sequestros e crueldade de outras pessoas. Entre algumas outras situações desagradáveis que você possa imaginar. Quando estivemos entre a vida e a morte, ou envolvidos em situações negativas extremamente chocantes, é o que chamamos de estresse pós-traumático. Consiste basicamente em reviver tal evento na forma de pesadelos repetitivos, memórias noturnas ou diurnas, direta ou indiretamente por associação de pensamento. Qualquer ideia ou coisa que nos lembre de tal situação tende a desencadear um estado de espírito alterado e, obviamente, ansiedade. Por exemplo, passar por uma determinada rua que nos lembra onde um parente foi assassinado. As pessoas que experimentam essa condição tendem a evitar tudo o que evoca esses eventos. Por isso, fazem o possível para não falar ou pensar no assunto, evitando todo contato e atividades ou trabalhos que possam trazer lembranças ruins. Uma grande porcentagem de pessoas com PTSD marcado tem depressão moderada a grave. E, em muitos casos, aqueles que não recebem tratamento podem acabar com suas vidas. Esse distúrbio pode durar semanas, meses e até anos.

Ansiedade generalizada:

A famosa ansiedade generalizada é aquela que não está focada em nenhum contexto ou cenário que citamos acima. Por exemplo, nos transtornos de pânico, temem-se crises e situações recorrentes, locais onde poderia ocorrer o famoso ataque. Nas fobias sociais; o medo de situações sociais e o que as pessoas vão dizer. Nas fobias específicas, o medo de certos contextos, situações já mencionadas como voar, andar em altura ou estar perto de lugares profundos com água. transtorno obsessivo-compulsivo; medo de germes, palavrões , para citar alguns. E o pós-traumático; as memórias ou eventos vividos de vida ou morte ou onde houve traumas psicológicos. Mas no transtorno de ansiedade generalizada não existe aquele medo de uma determinada coisa ou questão específica, mas você teme tudo ao mesmo tempo. Indivíduos que têm ansiedade generalizada são propensos a preocupação excessiva do nada. Como se estivessem sempre preocupados com algo tão simples como trabalho, estudo, companheiro, medo de sofrer um acidente. Eles acham impossível parar de se preocupar com coisas simples do dia-a-dia. E obviamente, estar assim por muito tempo faz com que surjam os sintomas que já mencionamos; de palpitações a dificuldades para dormir e angústia terrível .

Os mecanismos da ansiedade generalizada

O primeiro capítulo consistiu basicamente em conhecer as diferentes formas que a ansiedade tem de se manifestar. Nesta seção, examinaremos mais de perto o mecanismo. Para lidar com ela, a primeira coisa que devemos fazer é identificar as causas - fatores que intervêm direta ou indiretamente no motivo pelo qual uma pessoa pode sentir ansiedade em circunstâncias nas quais outros seres humanos não costumam apresentá-la.

Os especialistas diferenciam quatro causas ou fatores principais para entender o mecanismo desse distúrbio.

1) Os contextos - as circunstâncias - as situações que liberam a cadeia de respostas de ansiedade

2) No nível fisiológico em uma determinada circunstância

3) Como respondemos à ansiedade?

4) Consequências para a sintomatologia

➡➡➡**Circunstância resposta fisiológica resposta ansiosa consequências ou ações**

Em seguida, vamos dar uma olhada mais profunda nas coisas que você precisa estar ciente para superar esse distúrbio.

Gatilhos de ansiedade

Essas variantes podem depender de cada pessoa, mas na maioria das vezes são as principais que ocorrem, embora não estejam diretamente relacionadas a nenhum distúrbio:

- ir a lugares lotados
- Ir de elevador ou elevador
- Fique na fila ou salve nossa vez
- falar na frente de muitas pessoas
- Ser observado por um grupo de pessoas
- Receber críticas se intensifica se forem várias ao mesmo tempo
- Conversando com uma pessoa atraente ou autoritária
- Comer ou beber em lugares lotados
- Viajar de avião
- ver sangue ou feridas
- tomar decisões importantes
- Vá a entrevistas de emprego
- pense à frente
- pense na morte
- Por não estarem felizes com sua aparência (tem muita gente que simplesmente não fica bem com a calça ou com determinada peça de roupa, etc.

Tudo isso não significa que temer algo em particular nos obrigue a temer outras situações relacionadas direta ou indiretamente. Por exemplo, há pessoas que acham assustador falar na frente de um grande grupo de pessoas, mas não têm medo de pedir uma garota em casamento. Aqui a questão é que para determinar a gravidade de qualquer transtorno de ansiedade generalizada, não importa quantas situações a pessoa teme, mas sim o quanto o sentimento de ansiedade afeta sua vida. Isso dificulta para você no trabalho, no trabalho, no nível pessoal, social, etc.

Talvez você que lê este livro pense que não existe situação que lhe cause ansiedade e você está certo. Há pessoas que não têm nenhuma situação particular como causa. Na psicologia, é preferível usar estímulos porque é mais fácil incluir pensamentos, emoções, memórias, sensações como causas de ansiedade. Um exemplo é que não tememos nenhuma situação em particular, mas se tememos que olhem para nós... esse pensamento de medo de ser olhado nervosamente produz ansiedade.

Respostas que a ansiedade desencadeia nos diferentes transtornos que já mencionamos quando ocorrem. Importante saber:

Resposta fisiológica ativa:

- palpitações
- sentimento de opressão
- Falta de ar
- Ruborização (vermelhidão no rosto)
- Diarréia. etc.

Respostas cognitivas:

- Memórias de um acidente horrível
- estupro ou abuso ou lembrar o rosto dos criminosos
- Pensamentos blasfemos contra seus pais ou Deus
- Dúvidas recorrentes sobre orientação sexual
- Dúvidas depois de alguns segundos que ele saiu do local sobre se as portas, janelas, torneiras de gás foram fechadas corretamente, lavou bem as mãos, etc.

- Percepção de si mesmo como estranho ou distante da realidade
- Imagens violentas ou conteúdo agressivo na mente

Respostas motoras fisiológicas:

- tremor nas mãos por minutos
- Dificuldade em falar gaguejando
- Fraqueza nas pernas e mãos sensação de desmaio

Nossa fisiologia em situações

Sofrer de ansiedade é de alguma forma herdado até certo ponto. Deve-se notar que não herdamos um distúrbio específico, mas herdamos aquela certa receptividade fisiológica para sofrer mais facilmente taquicardia, tensão muscular, entre todos os sintomas já descritos. Por ter essa disponibilidade para reagir a determinadas circunstâncias do que outros indivíduos, é mais fácil aprender reações de alarme a determinados contextos do que o normal para outros. Portanto, essa receptividade genética não produz ansiedade.

Sintomas cognitivos: os sintomas cognitivos são todas aquelas imagens e pensamentos recorrentes que são acionados em nossa mente quando estamos em um quadro ansioso, ou seja, aqueles pensamentos que vêm à mente automaticamente em uma determinada situação.

Na tabela a seguir você pode ver em geral a sintomatologia cognitiva

Ansiedade difundido	**sintomatologia cognitivo**
transtorno do pânico _	a resposta Fisiológico é: Taquicardias calafrios , tremor: e seu sintomas cognitivas são: **pensar**
	Se eu desmaiar , se eu morrer para um ataque cardíaco , e se ...
	Pensamentos :
Agorafobia	**E se eu morrer no cinema... se eu cair na entrevista na frente dos outros... se eu for ao banheiro na frente da garota que eu gosto...**
fobias específico	**pense :** "E se ele me der o câncer ". "o elevador poderia estragar ." E se eu for atropelado por um carro
Transtorno obsessivo compulsivo (TOC)	Imagens mental ou pensamentos recorrente : Embora Acabaste de ver que fechaste a torneira do gás , voltas repetidamente _ _ hora de verificar _ e você não é bom até que alguém avançar chá dizer Está fechado
	Pensamentos : -Tenho certeza que quando chegar a minha vez vou fazer terrível '
fobia social	-Eles são dando conta que eu sou Ficando vermelho e eles dirão que sou fraco e assustado -O que eles vão pensar? quando eles me cumprimentam e eu tenho minha mão pegajosa por ele medo que eu sinto
Transtorno por estresse pós traumático -	pense : pense novamente sobre eventos passado como : Nunca eu vou fazer isso de novo feliz E se eles me sequestrarem outro tempo ... se eles me matarem

O medo e a ansiedade se apresentam fisiologicamente através de dezenas de sintomas, como tensão muscular, taquicardia, respirações altas, vômitos, náuseas, secura oral, sudorese, tremores, calafrios por minuto, ondas de calor, insônia, dores de cabeça, fortes dores no pescoço que às vezes são confundido com problemas cervicais, fadiga crônica a moderada, diarréia cortante. Felizmente todos esses sintomas não aparecem de repente, mas imagine: seria terrível. Infelizmente, ter todos esses sintomas em certos estágios de ansiedade pode ocasionar diferentes alterações em nossa saúde, como o famoso intestino irritável, colite, prisão de ventre, bruxismo. Respiração elevada - a hiperventilação desempenha um papel importante no transtorno do pânico. Por exemplo, às vezes quando há um aumento das respirações em um curto espaço de tempo, esse aumento de oxigênio no sangue em muitas pessoas causa a cadeia de sintomas acima mencionada. E justamente esses sintomas, como tontura, uma sensação estranha, normalmente são mal interpretados como um ataque cardíaco súbito ou loucura iminente. E então os ataques de pânico vêm por semanas.

Os especialistas concordam que pelo menos 75% das pessoas sofrerão de pelo menos um transtorno do pânico em toda a vida. Como você pode ver no quadro acima, muitos sintomas, se não todos, se repetem em quase todos os distúrbios. E isso porque a ansiedade tem uma manifestação fisiológica semelhante em todos os transtornos de ansiedade, embora as situações e pensamentos que causam essa condição sejam diferentes.

Quando estamos ansiosos, a maioria das pessoas percebe a cadeia de sintomas em nós menos do que pensamos. Principalmente naqueles indivíduos que sofrem de fobia social, e acreditam que todos estão percebendo que estão supernervosos em determinada situação, nada está mais longe da verdade. Pelo contrário, evitar fugir nas situações que mais nos assustam é um sintoma inabalável para que o problema continue. Por esta razão é essencial aprender a controlar - gerir adequadamente os nossos pensamentos e a enxurrada de imagens que automaticamente assaltam as nossas mentes. Enfrentar no nosso dia a dia aquelas situações que costumamos evitar ou fugir; É o último passo que temos que dar para vencer de vez esse terrível monstro disfarçado de gatinho.

Você pode ver os principais sintomas motores da ansiedade agrupados por transtornos de ansiedade.

transstorno de ansiedade _	sintomatologia lancha
transtorno do pânico _	evitar ou fugir de situações em que você acha que poderia ter um ataque de ansiedade . Evite ou pare de fazer atividades que _ _ _ causa sintomas fisiológico temido (taquicardia , sufocamento , opressão em ele peito , etc.), para exemplo : fazer esporte ou manter relações sexual .
Transtorno de Agorafobia _	Evitar ou fugir de situações estressante ou com medo _
fobia social_ _	Evite ou fuja de situações que são temidas . dificuldade para falar _ sufocando gaguejar . tremores mãos ou pernas visíveis
as fobias específico	evitar ou fugir de situações temido .
Transtorno obsessivo compulsivo	Evitando ou fugindo de situações que você teme . lavar as mãos, colocar ordem do objeto _ coisas , confira coisas excessivamente . _
Transtorno por estresse pós traumático	Evitando ou fugindo de situações , pessoas ou objetos que lembram a situação traumático_ _
transtorno de ansiedade _ difundido	inquietação _ pode aparecer como tocando cabelo repetitivo , nariz , rachaduras _ o dedos , desconforto para permanecer sentado etc raiva_ _ também pode expressar-se visivelmente para outros (discussões , reclamações , brigas etc.).

As consequências da resposta de ansiedade

Seja qualquer manifestação direta de ansiedade, é lógico que queremos reduzir esse desconforto irritante. No entanto, as consequências do comportamento desempenham um papel muito significativo na forma como agimos e mantemos uma imagem dessa condição:

- Tenho um ataque de pânico no cinema e saio correndo. Quando saio, sinto-me aliviado, consigo respirar melhor e minhas palpitações diminuem.
- Eles me pedem para vir à frente da turma e apresentar meu ponto de vista... Sinto que alguns já perceberam: que pensaram em mim, então aos poucos começo a faltar às aulas.
- Fico apavorado só de pensar que minha filha sofreu um acidente, então a proíbo veementemente de sair com as amigas, diminuindo assim meu sentimento de ansiedade.
- Se eu cumprimento uma pessoa com HIV, sinto que tenho que lavar as mãos repetidas vezes até 7 vezes, quando o faço, consigo me livrar daquela ideia absurda de que não vou me infectar assim.

A enumeração poderia continuar... mas no final de tudo acabaríamos com a mesma coisa, que as coisas que fazemos com base em uma determinada situação contêm a essência de um problema ansioso neutro. Você pode dizer neste ponto: o que há de errado em fugir se isso me faz sentir melhor? Bem, é uma pergunta muito boa, mas como este guia informativo visa fornecer orientações - ensinar comportamentos alternativos para poder pelo menos dar o primeiro passo para controlar sua ansiedade , obviamente, é vital fazer essas coisas que nos dão melhoria. Mas a questão é que tipo de coisas – ações – comportamentos nos fazem sentir melhor. O que importa ainda mais é quanto tempo dura essa melhoria... é de curto prazo ou permanente?

O principal problema com os comportamentos que demos como exemplo na lista acima, é que apenas a curto prazo nos dão a sensação de paz, mas a longo prazo continuará a ser ineficaz e prejudicial à nossa qualidade de vida. , e vamos ver abaixo para isso:

- Tenho um ataque de pânico no cinema e saio correndo. Quando saio, sinto-me aliviado, mas por pouco tempo consigo respirar melhor e as palpitações diminuem. A longo prazo, vai piorar e talvez a pessoa acredite que o cinema causa tamanha crise e considere que é um lugar perigoso.
- Se eu cumprimento uma pessoa com HIV, sinto que tenho que lavar as mãos repetidas vezes até 7 vezes, quando o faço, consigo me livrar daquela ideia absurda de que não vou me infectar assim. Para curto prazo. É sabido que quanto mais o tempo passa, a obsessão pode aumentar. Conheço pessoas que começaram a lavar as mãos ou um determinado objeto por medo de pegar x germes... No começo começaram a lavar 4 vezes e depois de alguns anos o TOC piorou e lavaram até 40 vezes de cada vez.

É evidente que a tranquilidade que a curto prazo nos faz fugir ou evitar situações que nos causam ansiedade, acaba por ser contraproducente a longo prazo para a nossa qualidade de vida. Porque chegamos a perder o contacto com a realidade de uma certa forma em todas as situações devido às ameaças que sentimos que nos perseguem. Quando fugimos de uma determinada situação, acreditamos que se tivéssemos ficado sentindo aqueles sintomas incômodos, a ansiedade teria continuado a crescer e a subir a níveis insuspeitados. Mas a verdade é que eles são inofensivos se você encarar. Evitar uma situação tem um efeito semelhante a fugir, infelizmente não nos permite ver o que teria acontecido em tal situação que tememos, e assim acabamos imaginando que o pior teria acontecido. Na próxima vez que apresentar um cenário semelhante, você pode pensar, e para quê? É uma resposta muito pessoal, mas se você fizer isso para mim, eu diria, para não deixar o tempo passar e aproveitar esses momentos maravilhosos que você está deixando escapar. Encarar a realidade é a melhor coisa que você pode fazer. Sem dúvida, enfrentar essas situações que tememos é transcendental para superar nossos medos e ansiedades.

Ansiedade e química emocional

Pessoas que sofrem de ansiedade são frequentemente desencadeadas por produtos químicos direta ou indiretamente. De fato, a maioria das substâncias que veremos mais adiante podem causar:

- Transtornos de ansiedade ou aumentá-los
- Agravar distúrbios que você já teve
- Ou aparentemente 'consertar' problemas ansiosos
- cronifique o problema

Não vamos nos aprofundar porque é óbvio, mas a lista que você vai ler a seguir são as principais substâncias que você deve evitar se sentir que tem algum problema derivado da ansiedade.

- Café, cacau e colas: por conterem níveis muito elevados de cafeína que favorecem todos os sintomas ansiosos, embora seja difícil resistir a muitas destas bebidas, é aconselhável não as ingerir.
- Bebidas energéticas: Estas bebidas contêm uma espécie de coquetel de vitaminas, açúcares, taurina, estimulantes como cafeína e guaraná, mesmo efeito do café, cola, cacau, mas 5 vezes mais forte sobre a ansiedade.
- Álcool, cocaína, anfetaminas
- A cocaína pode causar ataques de pânico
- Anfetaminas e derivados : essas substâncias têm um efeito estimulante que pode causar ou agravar transtornos de ansiedade.
- Drogas psicoativas: ansiolíticos
- antidepressivos

É recomendável medicar única e exclusivamente para os casos mais crônicos e graves de ansiedade, sempre sob o controle de um especialista. Os ansiolíticos são eficazes em alguns indivíduos, especialmente quando se trata de controlar os sintomas agudos. Pelo contrário, os antidepressivos têm demonstrado ajudar nas ansiedades crônicas, no entanto, a medicação não é a solução para o problema, é apenas temporária, mas ajuda muito quando você está caminhando para uma cura definitiva. Lembremos que a ansiedade é vital para nossa sobrevivência, mas o importante é controlá-la diante de reações ou perigos imaginários, essa é a solução definitiva a longo prazo.

3 orientações a seguir que você deve levar em consideração se ainda não estiver tomando nenhum tipo de medicamento:

- **Se ainda não consome nenhum medicamento** : Não aceite um tratamento que consista exclusivamente na ingestão de medicamentos. Em certos casos começa assim, porque é eficaz a curto prazo, mas se continuar por muito tempo será muito difícil parar. Não se esqueça que nosso corpo se acostumará com os ansiolíticos, portanto, eles se tornarão cada vez menos eficazes para os sintomas e serão necessárias doses mais altas.

- **Se você já estiver tomando medicamentos prescritos por um especialista:**

Nunca deixe de tomar a sua medicação sem indicação do seu médico. Você deve verificar-se periodicamente para ajustar sua dose e até mesmo interromper o tratamento medicamentoso se sentir melhora. Foi comprovado cientificamente nas últimas décadas que os tratamentos de classe cognitivo-comportamentais têm uma eficácia semelhante à dos melhores medicamentos e uma capacidade muito maior de ajudá-lo a sair da ansiedade.

- **Se você estiver tomando medicamentos por conta própria:**

Você nunca deve tomar remédios, pois existem algumas drogas com um poder viciante ainda maior do que algumas drogas ilegais. Portanto, pare imediatamente de tomar o medicamento que está tomando e consulte seu médico. Nunca pare de tomar a medicação por conta própria sem aviso prévio do seu especialista.

Agora temos uma noção mais ampla sobre a ansiedade, seus transtornos, seu mecanismo geral e seus sintomas apresentados por quem a sofre e algumas das substâncias que a química afeta nosso corpo, o que em muitos casos contribui para agravá-la. No entanto, todas essas informações, embora sejam muito úteis para nos dar uma ideia, ainda são muito gerais para nos ajudar a sair de nossa ansiedade de maneira significativa. E é justamente no próximo capítulo que vamos discutir como lidar com isso.

Se você sente que tem ansiedade generalizada ou tem dúvidas mesmo depois de ler este guia, meu conselho sincero é que você procure um especialista, como um psicólogo profissional ou psicoterapeuta; eles irão ajudá-lo e diagnosticá-lo se você sofre de algum distúrbio derivado do mesmo GAD e oferecerão opções disponíveis que podem ajudá-lo a progredir. A leitura deste livro pode ser de grande ajuda como complemento. Na seção seguinte, selecionamos uma série das técnicas mais eficazes comprovadas para o tipo de ansiedade que você tem. As técnicas serão agrupadas em duas visando dois objetivos:

- **Obtenha um relaxamento físico**
- **obter relaxamento mental**

Um alívio muscular ou relaxamento muscular progressivo

O relaxamento progressivo consiste basicamente na prática de uma série de exercícios leves de tensão e relaxamento muscular. O principal objetivo que queremos alcançar com estes exercícios específicos, no início não é tanto conseguir um relaxamento muscular geral mas saber diferenciar os diferentes estados de tensão muscular que sofremos. Normalmente a maioria de nós não presta muita atenção nas áreas onde há mais tensão, e justamente essa tensão é que gera muito da sensação de desconforto físico.

Como realizar o referido relaxamento

É essencial que você leve em conta que precisará de disciplina para realizá-los e pelo menos 12 dias para começar a sentir uma melhora muscular perceptível. Isso pode não te dar muito ânimo quando a medicação te dá aquele relaxamento imediato, de certa forma é, mas a longo prazo essa técnica vai te dar um bem-estar permanente. E os benefícios são enormes... uma vez que você saiba relaxar, não precisará tomar nenhum remédio para se sentir bem.

Você pode gravar essas instruções com voz ou alguém com voz calma pode lhe dar as orientações para que você as cumpra.

Sinta-se o mais confortável possível. Tente não pensar em nada, você só vai focar no seu corpo. feche os olhos e comece a se concentrar em todas aquelas sensações que vão aparecer em instantes...

Vamos começar com seu braço esquerdo. Quero que foque sua atenção apenas no braço esquerdo... tente fechar o punho até sentir a tensão que se produz em todos os dedos e ela percorre todo o antebraço e chega até o ombro... não deixe vá... mantenha essa força sustentada por 10 ou 12 segundos até sentir totalmente a tensão... agora libere toda essa força contida de forma repentina. Agora concentre-se imediatamente na sensação de relaxamento que agora está ocorrendo em sua mão e percorrendo seu antebraço e parte de seu ombro. Eu quero que você se concentre apenas nisso. Que você sente peso ou leveza, talvez um formigamento ou algo quente... tudo bem, não se preocupe, você sente que seu braço está preguiçoso? Esse é exatamente o relaxamento muscular do qual eu estava falando.

Novamente, faça o mesmo que fez com a mão esquerda, mas agora contraia a mão direita do ombro ao punho, com força suficiente para sentir algum desconforto nos dedos. 10 segundos novamente e solte ... sinta essa sensação assim que você soltar o braço e a mão, deve estar completamente flácido .... Respire novamente da mesma maneira; macio e leve sem forçar, o ar deve sair sem esforço ... inspire profundamente e segure por 5 segundos e expire. Eu quero que você respire com a parte inferior de ambos os pulmões lentamente e sem pressioná-lo... você verá que pouco a pouco você se acostumará...

Talvez você tenha notado que, ao fechar o punho esquerdo ou direito, algumas áreas do corpo também se contraem, inclusive o outro braço... no começo é normal. Mas cuidado! É fundamental que você se concentre para que apenas aquela área que queremos fique tensa. É essencial que aprendamos a relaxar o resto das outras partes do nosso corpo para não sentir essas sensações tensas. Isso aprenderemos um pouco mais tarde.

Repetimos agora com o punho direito, e soltamos a tensão contida... Quero que repitam este exercício pelo menos 3 vezes em cada sessão, o mais devagar possível... não há pressa. Você deve conhecer cada sensação do seu corpo. Assim que você estiver relaxado com os dois braços e a respiração mais a mente em branco, passaremos para o próximo exercício.

Agora vamos nos concentrar apenas nos músculos do rosto. Com certeza você já percebeu que é um pouco mais complicado, mas com a prática você vai melhorando. Para fazer isso, lembre-se de que você deve tensionar a área da testa, entre as sobrancelhas, pálpebras, nariz , lábios, maçãs do rosto, mandíbula e, obviamente, a língua. Agora vamos começar pela testa, para isso tente levantar bem as sobrancelhas... sim! levante-os o mais alto que puder e segure por 10 segundos ... agora solte com a mesma força, você sentirá um pouco de fadiga e liberdade em seu rosto.

Agora apenas contraia as pálpebras, aperte-as! você vai sentir uma leve tensão, solte essa força agora... é só relaxar as pálpebras, você sente o alívio, né? embora um pouco cansado... faça mais uma vez e depois solte...

Agora aperte suas pálpebras. Aperte-os! Sinta a suave tensão em seus olhos... e libere a tensão. As pálpebras relaxam, ficam soltas e quase não se sentem...

Agora é a curva entre as sobrancelhas e o nariz... você vai sentir uma dureza entre essas duas áreas... agora você sente uma força contida, certo? Deixe ir, assim que você fizer isso você notará como aquela área relaxa, apenas aquela área... você sentirá a sensação de tensão e relaxamento em segundos. Faça novamente e solte. Observe cada sensação de apertar, soltar, apertar, soltar.

Aperte sua mandíbula e a língua que empurra contra o palato. Você deve sentir a força por 10 segundos em sua mandíbula e língua... Solte sua língua... ela permanece relaxada , assim como sua mandíbula. Repita o mesmo exercício novamente.

Neste momento, todo o seu rosto relaxou, junto com os dois braços, e sua respiração está calma e relaxada.

Agora é hora de relaxar o pescoço. Para fazer isso, você pode tentar tocar o queixo no peito ou simplesmente empurrar o pescoço por 10 segundos. Você sente a tensão... é rígida, dura. Agora libere a força em seu pescoço... está relaxado um pouco cansado, mas relaxado. Repita novamente. Neste ponto, quero que você observe toda a sua atenção na sensação de bem-estar que está surgindo. Respiração fluida sem forçar, braços relaxados, rosto e agora pescoço, e obviamente o mais importante; sua mente apenas concentrada nessas sensações em nada mais... Não quero que você pense em nada além de aqui no seu presente.

Para tensionar os ombros, tentaremos fazê-los recuar, como se quiséssemos jogar de trás para frente. Você sente a tensão... solta. Nossas costas parecem relaxar. Repita o exercício novamente, mas agora vá em frente e relaxe. Sinta cada uma dessas sensações...

Agora contraia o abdômen, como se fosse fazer abdominais. Aperte por 12 segundos e solte, veja como você sentiu a força contida! e agora está macio e relaxado novamente . Com certeza você já percebeu como é gostoso sentir a sensação após ficar tenso...

Agora eu quero que você contraia o meio e a parte inferior das costas. Tente arquear as costas como se quisesse empurrar o estômago para a frente. Faça... sinta a pequena tensão... agora solte. Da mesma forma que os exercícios simples anteriores você sente o relaxamento... faça de novo, não se esqueça de focar em cada sensação agradável ao liberar a tensão...

Neste momento você já está com a respiração fluida e relaxada, não forçada, o oxigênio entra e te relaxa... seus pensamentos estão no agora, você não pensa em nada além daquelas sensações que você não tinha prestado atenção antes.. A respiração continua muito profunda e você relaxa cada vez mais.

Agora é a vez de nossa perna esquerda, para isso, tensione vigorosamente a coxa desde a nádega até a ponta do pé, como se fosse frear o carro. Você vê que a tensão é sentida... solte agora... À medida que você sente a região da panturrilha, a coxa, o pé relaxa... Quero que você se concentre em cada sensação de toda a perna, quero que conheça cada sensação que é percebida quando você está tenso e quando você relaxe... eu quero que você se torne isso faça o mesmo.... Solte e sinta essas sensações relaxantes cada vez que contrair e liberar . Agora repita o mesmo, mas com a perna direita...

Neste ponto todo o seu corpo está completamente relaxado... o rosto, o pescoço, a zona dos ombros, a barriga, a zona das costas e obviamente ambas as pernas... a sua respiração continua em harmonia, calma e com respirações tão profundas sem força ; as suas energias renovam-se e a tensão do seu corpo vai-se dissipando gradualmente... e percebe que o relaxamento lhe dá muita paz e melhora... tem direito a isso, todos temos, mas para isso tem de aprenda...

Mantenha os olhos fechados, não os abra... aproveite esse relaxamento em sua mente de qualquer maneira...

Depois de pelo menos 8 minutos assim, você pode se levantar. Não se levante abruptamente, faça-o com cuidado, pois neste exercício de relaxamento muscular você soltou todos os músculos sem tensão e pode se sentir mal.

*Gostaria de ressaltar que este eficaz exercício muscular é amplamente utilizado nos principais centros terapêuticos do mundo. É essencial colocá-lo em prática pelo menos 2 vezes ao dia por aproximadamente 10 a 15 minutos.

Recomendo que você faça em um local tranquilo e sem interrupções, ou muito melhor em um local cercado pela natureza, você verá que os resultados serão incríveis. Como acontece com qualquer outro exercício, a qualidade do nosso relaxamento virá quanto mais praticarmos diariamente. Sem dúvida, os melhores benefícios deste exercício virão depois de algumas semanas no máximo por mês, desde que você o faça pelo menos duas vezes por semana.

Se você gravar o exercício anterior em áudio, é essencial que o faça com um ritmo e entonação harmônicos para que seja igualmente estimulante. Se no início lhe for difícil deixar a mente em branco, não o faça, não force os seus pensamentos, mas concentre-se no exercício e nas sensações que sente.

As pessoas que sofrem de transtornos de pânico devem ter em mente que esse tipo de exercício os coloca mais em sintonia com suas sensações fisiológicas; como batimentos cardíacos, respiração etc. Precisamente isso pode ser assustador, mas não é, lembre-se de que eles são inofensivos. Se você se sentir tonto devido à respiração controlada, não o faça com tanta intensidade. Lembre-se de que gradualmente você atingirá um alto nível de concentração, mesmo com a respiração profunda.

Existem outras formas de relaxar os músculos, uma delas é o exercício físico leve a moderado. A seguir, veremos quais são os melhores.

Os melhores esportes que podem ajudá-lo a relaxar

- **A Ioga:** Diante de repetidos quadros de ansiedade, é aconselhável praticar este exercício. Está clinicamente comprovado que esta prática ajuda a controlar a respiração e a alcançar a paz mental e física, também ajuda a obter uma consciência adequada do nosso corpo além de controlar as emoções de forma positiva.

- **Boxe – MMA:** É muito útil para imagens de ansiedade severa. Especialistas de todo o mundo concordam que o boxe ou o MMA como esporte aliviam muito os sintomas ansiosos, além da depressão, porque fornecem uma enorme quantidade de hormônios da felicidade, como endorfinas, ocitócicos, dopamina, serotonina, e, portanto, um estado positivo e feliz. da mente. Além disso, aumenta nossa auto-estima à medida que melhoramos e fazemos mudanças em nosso corpo.

- **Pilates:** A prática de Pilates é altamente recomendada para indivíduos que sofrem de ataques de pânico. Isso ajuda você a controlar seu corpo e dominar esses impulsos, além de oferecer um alto nível de capacidade de concentração com a prática. Além disso, faz com que você se mova melhor e sem dor, o que cria uma cadeia de bem-estar. Lembre-se que para ser feliz o primeiro requisito é sentir bem-estar físico.

- Para a insônia derivada da ansiedade, as melhores

atividades que você pode fazer são todas aquelas de natureza aeróbica, como: caminhar, andar de bicicleta, correr, correr, que melhoram incrivelmente a circulação sanguínea e nossa frequência cardíaca, relaxando nosso corpo e facilitando logicamente um melhor descanso .

- **Esportes coletivos:** As dificuldades que temos para conviver socialmente com outras pessoas residem principalmente na falta de habilidades e habilidades expressivas e baixa auto-estima que temos. Em casos dessa natureza, costuma ser prescrito como coadjuvante da terapia; a prática de esportes em grupo porque melhora muito nossas habilidades sociais. Entre eles estão esportes como vôlei, futebol, basquete, etc. Neste tipo de desporto é fundamental comunicarmos uns com os outros com mensagens simples que nos levem a vencer em equipa.

- **Natação:** A natação é um esporte que costuma ser praticado individualmente, por isso pode ser muito útil para pessoas que sofrem de fobias sociais. Ajuda-os pouco a pouco a mergulhar na esfera social.

Melhores alimentos para apoiar sua ansiedade

Abacates: Segundo um estudo realizado pela Universidade de Oxford em 2018, revelou que os alimentos com maior teor de vitamina B contribuem para o nosso bem-estar físico. Segundo este estudo, os abacates estão entre os vegetais que mais contêm esta vitamina e são excelentes estimulantes para a libertação de neurotransmissores como a dopamina e a exotoxina que têm um impacto emocional positivo em todo o nosso corpo.

Espinafre : Mais um experimento realizado pelo Broad Institute do MIT - Estados Unidos. Ele revelou em camundongos que dietas com baixo teor de magnésio aumentaram diretamente os comportamentos derivados da ansiedade, daí a importância de consumir alimentos com maior teor de magnésio, como: trigo integral, quinoa e todos os tipos de amêndoas e amendoins.

Salmão : Pesquisas realizadas em 2010 indicam que os aminoácidos graxos, como o ômega 3 e seus derivados, podem ajudar significativamente contra a ansiedade, já que afetam a química do cérebro. Salmão ou diferentes variedades de peixes são recomendados pelo menos duas a três vezes por semana, pois é muito benéfico para acalmar a ansiedade e a insônia.

Espargos : Este vegetal é talvez um dos vegetais com mais estudos comprovados para combater os transtornos de ansiedade. A eficácia é tamanha que até o governo japonês aprovou o uso desse extrato vegetal em bebidas como suplemento contra a ansiedade.

Frutas com mais antioxidantes: já foi demonstrado há anos que ter altos níveis de ansiedade está diretamente relacionado a níveis muito baixos de antioxidantes. Podemos controlar essa ansiedade consumindo alimentos ricos em antioxidantes, como: nopales, limões, alho, feijão e todos os tipos de frutas vermelhas (morangos, amoras, amoras vermelhas, brócolis, abacates. E todas as frutas verdes.

Amêndoas e nozes: Uma dessas frutas para nos ajudar contra esse distúrbio é consumir amêndoas e nozes todos os dias devido ao seu alto aporte de vitaminas B2, E e C, ajudando também a fortalecer seu sistema imunológico em casos de estresse causado pela sintomatologia da etiqueta.

Aveia e chocolate amargo: É um superalimento combinado e contém todos os elementos para induzir a calma no corpo. Além de diminuir a ansiedade em minutos pelo menos temporariamente.

Um dos truques que costuma funcionar para a ansiedade, principalmente se você sofre de insônia ansiosa; É um copo de leite quente com chá de levanta e tília, devido à mistura ideal de propriedades sedativas.

Peru : embora possa parecer incrível, o peru contém o aminoácido triptofano, responsável por ajudar na fadiga e no relaxamento muscular, especialmente quando você está tenso devido ao mesmo distúrbio.

Chucrute. Entre os melhores alimentos para combater a ansiedade, encontramos aqueles ricos em probióticos, como chucrute ou picles ou kefir.

Ostras: devido ao seu alto teor de zinco Este molusco é rico em vitamina B12, razão pela qual pode ajudar a reduzir a pressão no cérebro, segundo um estudo publicado na revista *Neurology*[1] *cientista*. Além disso, as ostras têm ácidos graxos ômega-3, cuja falta tem sido associada ao aumento do risco de suicídio e depressão [2]. e ansiedade

---

1.   *https://n.neurology.org/content/77/13/1276*

2.   https://www.ncbi.nlm.nih.gov/pmc/articles/PMC533861/

Técnicas mais utilizadas para reduzir medos e ansiedade

Relaxamento autógeno: É uma técnica psicoterapêutica que consiste na concentração passiva de sensações fisiológicas. Esta técnica baseia-se exclusivamente em todas as sensações que se produzem no nosso corpo a partir de estímulos com a nossa voz. O objetivo é alcançar um relaxamento profundo total e diminuir o estresse e a ansiedade. A base desta técnica reside em 6 exercícios simples que produzem no corpo que o faz sentir em diferentes estados como; quente, relaxado ou pesado. Em todos os exercícios a imaginação e formas específicas de falar são usadas para trazer objetivamente nosso corpo a esse estado de consciência. Quero que você grave o seguinte exercício com uma voz doce e calma e tente torná-lo o mais confortável possível, deitando-se em uma cadeira que seja confortável para você. Exemplo:

Comece com uma respiração profunda, mas lenta e calma, sua expiração sendo o dobro do que você respira... exemplo. Inspire por 5 segundos até o fundo, depois expire por 10 segundos lentamente até esvaziar os pulmões ... inspire novamente, mas devagar algo profundo por 5 segundos, feche os olhos e ao expirar segure-os por 10 segundos, ok, inspire novamente agora 6 segundos... lembre-se que será o dobro da quantidade de expiração... seus olhos fechados continuam a sentir cada sensação que a respiração controlada produz. Agora que você já fez tudo pelo menos 2 vezes é hora de começar... agora você vai dizer para si mesmo: "meu braço esquerdo vai começar a ficar pesado, "meu braço esquerdo começa a pesar cada vez mais". Concentre-se em seu braço e da mesma forma repita isso com todas as suas extremidades, incluindo rosto e pescoço.

Não abra os olhos, mantenha essa concentração aí... agora comece de novo com o braço direito, mas desta vez você vai repetir 6 vezes... meu braço esquerdo vai começar a sentir cada vez mais peso. Em seguida, continue com todo o corpo da mesma maneira 6 vezes. Uma vez terminado, não importa quanto tempo demore, repita: "Minha respiração vai começar a ficar cada vez mais fluida... meu estômago não sente medo ou desconforto... meu coração começa a desacelerar... me sinto mais calmo ." Repita 5 vezes... depois de fazer isso, respire o mais profundamente possível sem forçar os pulmões... expire por 10 segundos e enquanto os esvazia diga: "todo o estresse está indo embora, toda a ansiedade está indo embora. Inspire... repita mensagens positivas para si mesmo... não abra ainda os olhos, as afirmações aliadas a esta técnica são muito poderosas pois enviam mensagens ao subconsciente, reprogramando-o novamente. Diz-se que ao menos fazer esta técnica por dois meses você sentirá grandes resultados em sua mentalidade.

Continue respirando... diga: "Eu vou me curar, a ansiedade vai sair da minha vida assim como veio... estou feliz... respire e inspire com aquela imagem mental que você está feliz, que você já se curou.

É importante que a cada respiração você repita aquela frase positiva... você deve desenhar a cena em sua mente enquanto expira... pode ser qualquer frase desde que seja positiva. Eu recomendo fazer esta técnica uma vez por dia por pelo menos 20 minutos. Você perceberá grandes resultados se fizer isso com fé de que será capaz de se curar de seus quadros ansiosos. Não há nada mais poderoso do que uma mente disposta a mudar seus padrões mentais com positividade.

Atenção plena

Basicamente, esta técnica consiste em ter a capacidade de sentir o momento presente, tanto interna quanto externamente, canalizando e não prestando atenção a todas as ansiedades, culpas, culpas, julgamentos e pensamentos negativos do passado. Pode ser usado para qualquer coisa, até para ansiedade, aliás, a filosofia do mindful é que é uma forma de viver a vida.

Eu quero que você faça este exercício:

Encontre um lugar tranquilo em sua casa... o ideal seria praticá-lo perto de um rio, no mar ou rodeado de árvores para potencializar todos os estímulos à sua mente.

Posicione seu corpo de maneira relaxada, sem se deitar.

Você pode fazê-los com os olhos abertos, mas é aconselhável mantê-los fechados, pois você se aprofunda nas emoções. Agora eu quero que você se concentre em criar algo com sua mente agora, pode ser um único pensamento positivo, um objeto que você ama, uma frase que você adora, ou um lugar... foque no que você escolher... foque, don não pense apenas concentre-se e sinta a paz que gradualmente o leva a um estado mental cada vez mais profundo... concentre-se no que você escolher... não crie uma história apenas concentre-se nisso, um pensamento, um objeto.. . velado em sua mente. Se os pensamentos vierem à tona, deixe-os fluir, mas não se preocupe com isso, eles apenas irão desaparecer... apenas preste atenção naquele objeto ou frase que você escolheu.

Existem muitos exercícios para aprender, mas se você tem ansiedade e precisa acalmá-la rapidamente, garanto que este exercício básico de atenção plena o ajudará a alcançá-la em minutos. Você deve fazê-lo pelo menos duas vezes por dia durante um mínimo de 10 minutos. Você notará que, uma vez que você o domine no fundo de sua concentração, a sintomatologia ansiosa diminuirá até desaparecer.

Meditação

Para realizar este exercício, basta sentar-se confortavelmente. Feche os olhos, concentre-se apenas em dizer um mantra, ou seja, uma frase poderosa neste caso, você dirá: não tenho medo, estou em paz... me amo muito, estou com saúde...

Coloque a mão no estômago enquanto canaliza a própria respiração e repita a série de frases já mencionadas, repita-as... o ideal é repetir as frases que você acha mais positivas para você pelo menos 2 dias seguidos, desta forma você criará um padrão mental que removerá gradualmente toda a negatividade que você impôs a si mesmo devido a imagens ansiosas por um longo tempo. Tudo o que entra em nossa mente consciente vai para o subconsciente, então voltaremos a trazer nossa mente de volta à condição de pico à medida que fizermos mais desses exercícios.

Se em qualquer caso você sentir uma enxurrada de pensamentos, não tente jogá-los fora, deixe-os fluir, mas não se concentre neles, é fácil, apenas não lhes dê importância. Eles irão sozinhos. Continue concentrando-se apenas em manter os olhos fechados, respirando naturalmente e dizendo as poderosas frases ou mantras: estou feliz, sinto-me saudável, sinto-me em paz total... preste atenção à sua respiração... agora que você está na metade do exercício você não vai falar mais nada. Em vez de dizê-los, você os dirá com sua mente e se concentrará em sua respiração. Ao inspirar e expirar, quero que preste atenção em como sua energia flui quando você inspira e quando a libera.

Quando alguém tem ansiedade devido ao estresse que vem com ela, geralmente respiramos com a parte superior dos pulmões, então para diminuir essa sensação incômoda, vamos fazer o seguinte exercício:

Sente-se em uma cadeira confortável, coloque a mão na barriga e com a direita no peito...

Respire pelo nariz por 5 segundos muito, muito lentamente, de modo que sua mão direita no peito comece a subir um pouco como resultado do ar inalado... agora segure esse oxigênio por 5 segundos... depois expire pela boca por mais 5 segundos tentando tirar o máximo de ar possível enquanto contrai o abdômen com força. Se a princípio os segundos não forem confortáveis para você, você pode começar no seu próprio ritmo. O ideal é inspirar lentamente por 15 segundos e segurar por 15 segundos e depois expirar por 15 segundos. A prática é a chave, e esta técnica é extremamente eficaz para ataques de pânico.

Agora vamos fazer outro exercício vital, certamente deve-se notar que nem todas as pessoas conseguirão ter grandes resultados, mas há uma alta porcentagem que tem ótimos resultados com esta técnica de meditação.

Imaginação Guiada: Consiste em imaginar uma paisagem ou cena na qual você sentirá vividamente que está ali, obviamente com o objetivo de relaxar de todas essas sensações desagradáveis. É uma das melhores técnicas usadas para apoiar as terapias cognitivas que são feitas contra a depressão e os medos. Eu quero que você faça isso todos os dias. Faça isso com toda a fé que você vai se curar... Quero que você torne isso o mais real possível.

Assim como os anteriores, encontre o melhor lugar onde você possa ter paz, harmonia e conforto. Feche os olhos e imagine o lugar mais bonito, calmo e tranquilo do mundo. Imagine-o tão realista quanto a sua imaginação permitir, é possível...!

Sinta que naquele lugar todos os seus sentidos trabalham cem por cento... você pode ver a beleza do lugar, você pode sentir o ar quente que sente em seu rosto. Você pode sentir o cheiro da preciosa vegetação que está ao seu redor, ouvir o canto dos belos pássaros e alguns outros sons de animais enquanto ao longe você vê enormes campos de trigo enquanto o pôr do sol o surpreende ... você sente e percebe texturas, cores , cheira, enquanto pega na mão uma flor de avelã.

Feche os olhos, é hora de caminhar por aquele lugar maravilhoso... imagine-se começando a caminhar e sentindo todas aquelas sensações... assim como o lugar é maravilhoso e tranquilo , você está igualmente em paz e em harmonia consigo mesmo.. .não há nada de errado com você, ruim em você, não há ansiedade: nada, apenas felicidade e paz....

Continue caminhando assim e sentindo toda essa gama de sensações que seus sentidos podem lhe dar e deixe fluir quaisquer preocupações, pensamentos negativos ou ansiedades... depois de retornar, qualquer ansiedade que você tenha diminuirá incrivelmente.

Remédios naturais contra a ansiedade

Embora os remédios naturais não sejam uma cura para a ansiedade, eles podem nos beneficiar muito para relaxar e dormir. Esses remédios são muito úteis, obviamente, desde que sejam acompanhados de tudo o que mencionamos nas seções anteriores. E, claro, com psicoterapias ou seguindo tratamentos prescritos por um especialista.

Se você deseja abandonar drogas que contêm produtos químicos e deseja remédios naturais igualmente eficazes, aqui está uma lista que pode ajudá-lo:

infusões de valeriana

Esta planta é usada há milhares de anos para muitos tipos de doenças e há alguns anos começou a ser prescrita até por pediatras convencionais. Estudos recentes mostraram que a raiz e as folhas de valeriana têm um efeito direto nos neurotransmissores **gaba** , que são os principais neurotransmissores inibitórios, ou seja, induzem o estresse e a ansiedade a se dissipar.

A dose recomendada é de duas saquetas em perfusão 1 hora antes de deitar.

Infusões de chá verde

Apesar de esta erva ser bastante estimulante devido às suas substâncias ativas, estudos também demonstraram que ela traz grandes benefícios para a ansiedade devido à teanina, responsável por proporcionar relaxamento muscular e cerebral. Além de auxiliar na taquicardia e na pressão arterial, ideal para pessoas que sofrem de ataques de pânico noturnos.

Dose recomendada : 1 sachê infundido 30 minutos antes de dormir. Ou no seu caso 100 miligramas de suplemento de L- teanina . Felizmente, eles não contêm efeitos colaterais.

erva-cidreira

Tem sido usado por mais de 500 anos para insônia, ansiedade e distúrbios nervosos. Possui propriedades relaxantes que agem rapidamente. A dose recomendada é uma infusão se for ansiedade moderada. Não deve consumir mais de 2 infusões porque é muito estimulante, principalmente à noite.

raiz de alcaçuz

Um dos melhores para acalmar nosso corpo em situações de grande estresse, somado às suas poderosas propriedades para regular os níveis de glicose no sangue. Além de estimular a zona craniana e cerebrospinal, automaticamente dando calma mental e muscular após vários minutos de consumo. A dose recomendada é de 100 miligramas de raiz fervida por 2 xícaras de água. Só consuma quando aparecerem imagens ansiosas.

kava

Usado contra nervosismo e insônia, é ideal para pessoas que sofrem de ansiedade generalizada. Sua eficácia já é cientificamente endossada.

Dose recomendada: duas infusões à noite, especialmente 40 minutos antes de dormir.

tília

O chá de tília é um dos extratos mais consumidos para quadros de ansiedade e medo . Embora não seja tão potente quanto a valeriana, em combinação pode ser extremamente eficaz. A dose é de 3 saquetas apenas quando tiver dificuldade em relaxar antes de dormir ou à tarde.

Flor da Paixão

Esta infusão atua como um ansiolítico e é um calmante e relaxante que vem da flor de maracujá . Foi usado pelo império asteca e maia centenas de anos atrás por seus poderosos efeitos analgésicos e sedativos em situações estressantes. Também é usado em casos de depressão moderada porque produz sensações de euforia e vivacidade. Da mesma forma é utilizado em todo o mundo em centros naturistas como aliado contra a insónia, a ansiedade e a taquicardia. A dose ideal é uma infusão se você apresentar os sintomas.

solidéu

A calota craniana é uma planta muito eficaz para pessoas que sofrem de ansiedade e nervosismo acompanhados de tensão muscular. Pode ser tomado em chá. A dose 2 saquetas em perfusão. Você pode encontrá-lo em lojas de produtos naturais.

Camomila

A camomila é uma infusão amplamente consumida que não possui apenas propriedades benéficas para a digestão. Esta planta tem propriedades ansiolíticas e ajuda a combater e reduzir o nervosismo, pelo menos é o que indica um estudo da Universidade de Oxford realizado em 2014 com 6.500 voluntários.

Hypericum

Esta planta tem grandes benefícios , principalmente para equilibrar os neurotransmissores, o que tem um impacto direto no nosso humor. A dose ideal é de duas infusões antes de dormir.

raiz ártica

Esta planta favorece o aumento da atividade da serotonina, norepinefrina e dopamina, os neurotransmissores da felicidade, de modo que imediatamente após tomar a infusão você sentirá relaxamento e bem-estar inigualáveis.

Saltar

De sabor amargo, é bem conhecido por sua eficácia no tratamento da ansiedade, nervosismo, estresse e insônia. É utilizado em todo o mundo e não apresenta efeitos colaterais carinhosos, mas só é recomendado consumi-lo se você sofre de ansiedade. A dose apenas duas infusões.

Chá Ashwagandha : Tem um sabor muito agradável e combate diretamente os sintomas ansiosos, 2 a 3 saquetas por dia se sofre de ansiedade crónica. Traz relaxamento dentro de 30 minutos após consumi-lo.

Erva Luisa : ideal para pessoas mentalmente deprimidas, ajuda a acalmar os nervos moderados. A dose utilizada costuma ser de dois sachês antes de dormir. Não é aconselhável para mulheres grávidas ou lactantes.

Dicas que podem te ajudar a enfrentar e superar seus medos

Não fuja dos medos: não quero dizer todos, mas a maioria das pessoas que sofrem de medos regularmente sempre tenta se distrair para não focar no problema, infelizmente na maioria das vezes é temporário. Felizmente, e é o melhor método para o conseguir, se em vez de fugirmos dos nossos medos os confrontarmos durante 10 minutos diários, pouco a pouco vamos criando um novo padrão cerebral e deixaremos de o temer, obviamente existem milhares de medos, mas em geral funciona quase para todos. Por exemplo, se você tem fobia social, a melhor maneira de sair desse medo é se expor a situações com pessoas. A exposição é o método mais eficaz, e sim! É repetitivo, mas não há mágica para sair de um medo se não o enfrentarmos diretamente. A maioria dos psicoterapeutas usa terapias de exposição para tratar fobias...

Exponha-se a esse medo pelo menos 10 minutos por dia, onde quer que ele se origine: pensamento, animal, situação, e verá que pouco a pouco conseguirá sair dele. Nada acontecerá com você quando você se expor. É a nossa mente que nos faz acreditar erroneamente. Também não devemos nos importar com o que dizem , talvez você pense que sim, mas é uma sensação horrível se expor e... Se eu entendo, passo por isso da mesma forma... mas acredite, assim que você se expõe dia See More dia após dia a esse sentimento ele começará a desaparecer aos poucos e quando você menos esperar você dirá: que tudo o que você sentiu um mês, 2 meses, 4 e 8 meses atrás foi extremamente ridículo e ilógico. Atreva-se!

Dar um nome carinhoso aos nossos medos: dar um nome a todos os medos que temos pode nos ajudar a deixar de vê-los como perigosos e começaremos a aceitá-los, e esse é o primeiro passo para derrotá-los.

Tornar-se amigo deles: é difícil no começo, mas vê-los como amigos, em vez de ameaças, é essencial para começar a assumir o controle de nós mesmos. Por exemplo, eu tinha medo que a noite chegasse por medo de não conseguir dormir, bom, passei anos assim até começar a usar isso: primeiro expus esse medo, depois dei um nome amigo, e depois fiz meu amigo... aos poucos fui perdendo esse medo a ponto de agora olhar para o passado e rir, obviamente cada um vive seus medos de uma forma diferente, e quando estão no seu momento não se olha para eles assim. Mas se você aplicá-lo, pode funcionar incrivelmente para você.

Compartilhe seus medos: Quando éramos crianças, costumávamos contar nossos medos ao papai e, de alguma forma, nos sentíamos mais calmos. Assim como antes, você pode fazer isso com alguém que vai ouvi-lo e em quem você confia. É essencial ir a um psicólogo igual para tratar seus medos, se desejar.

Exigir que o medo permaneça: quando esta técnica é aplicada tão simples de fazer por todos os meios que nossos medos permanecem, ao contrário, fazemos o oposto; eles partem. Para que esse método funcione, é vital que, quando sentirmos medo de repente, nos concentremos em fazer exatamente isso, retendo esse medo o máximo possível, especialmente em ataques de pânico, e quando você menos esperar, ele desaparecerá.

A essência deste livro está em fornecer informações sintetizadas sobre a ansiedade em relação ao seu problema e uma explicação oportuna. Com base nessas informações e dependendo de como a ansiedade chegou ou se desenvolveu em você, você deve analisar se deve seguir as orientações mencionadas no livro ou consultar um especialista. Além do fato de que o livro pode agregar valor e fazer você se sentir melhor, minha recomendação é que você procure um especialista certificado o mais rápido possível.

As técnicas e métodos mencionados neste guia têm uma base científica comprovada. Se este livro o ajudou a sentir uma leve melhora, o trabalho está feito e o crédito é inteiramente seu. Lembre-se, não existe mágica para eliminar a ansiedade de um dia para o outro, mas você pode se livrar dela se colocar tudo de sua parte.

Sei que é difícil colocar em prática tudo o que esse guia fala, mas acredite, se você tentar; Sei que poderá te ajudar muito porque eu mesmo já tentei de tudo que está aqui incorporado e me deram resultados incríveis. Mas independentemente deste livro, reitero, é extremamente importante que você receba um diagnóstico para determinar de forma eficaz e inequívoca a origem de sua condição, e assim será mais fácil encontrar o tratamento certo para você. Em boa hora, espero que este manual seja de grande ajuda e que você se recupere daquele gatinho vestido de monstro. Muito obrigado.